43304

EXAMEN
DES FRAGMENTS
De M. ROYER-COLLARD.

AVERTISSEMENT.

Il s'en présentera, gardez-vous d'en douter. (VOLTAIRE.)

Cet *Examen* était destiné à faire partie de l'introduction à un traité de philosophie *psycho-physiologique*, déja très-avancé, mais dont la maladie a ralenti l'exécution. Les amis de l'auteur ont jugé que son travail ne pouvait paraître dans un moment plus opportun et où les esprits fussent mieux disposés à l'accueillir. Il s'est rendu à leur avis, avec d'autant moins de difficulté, que le *Globe* a jeté le gant à tous ceux qui n'adoptent point les principes philosophiques qui font l'objet de cet Examen, et dont il est l'organe et l'admirateur intéressé et exclusif.

EXAMEN
DES FRAGMENTS
De M. ROYER-COLLARD,

ET DES

PRINCIPES DE PHILOSOPHIE
DE L'ÉCOLE ÉCOSSAISE.

Par le Baron MASSIAS.

> « Si jusqu'ici on a pu dire qu'elle (la
> « philosophie de l'école de M. Royer-
> « Collard) n'était point assez connue
> « pour être livrée à la discussion ; si on
> « a pu passer outre faute de savoir où
> « la prendre, rien n'empêche désormais
> « qu'on ne la trouve et qu'on ne l'aborde :
> « libre à chacun de lui en demander rai-
> « son; » (Globe du 24 décembre 1828.)

A PARIS,

CHEZ FIRMIN DIDOT, LIBRAIRE,

RUE JACOB, N° 24;

ET CHEZ LES MARCHANDS DE NOUVEAUTÉS.

1829.

IMPRIMERIE DE FIRMIN DIDOT,
RUE JACOB, N° 24.

EXAMEN
DES FRAGMENTS
De M. ROYER-COLLARD,

ET DES

PRINCIPES DE PHILOSOPHIE

DE L'ÉCOLE ÉCOSSAISE.

Du cogito ergo sum *de Descartes.*

Dans son introduction aux fragments de philosophie de M. Royer-Collard, M. Jouffroy, l'un de ses élèves les plus distingués, et traducteur-éditeur des œuvres complètes de Th. Reid, reconnaît et établit expressément que ce qu'il appelle *la nouvelle école française* n'est que la continuation de l'école écossaise. Son but, dit-il, est de « constater les premiers pas de la nou- « velle école française, et de la rattacher à sa

« véritable racine qui est Reid (1)..... De cette
« manière, il (M. Royer-Collard) introduisit peu
« à peu ses disciples dans l'intelligence de cette
« nouvelle philosophie (2)... On reconnaît plei-
« nement l'influence de la philosophie de Reid
« sur l'esprit de M. Royer-Collard (3). »

Si la nouvelle philosophie française n'est que
la suite et le développement de celle de Reid,
comment se fait-il que ces deux philosophies
se contredisent à leur début, et que le maître
écossais juge qu'il faut prendre pour point de
départ le principe même que le maître français
critique et répudie? Voici ce que dit Reid : « Dans
« cette partie de la philosophie qui a l'esprit hu-
« main pour objet, *Descartes posa les véritables*
« *bases, et ouvrit la seule voie qui, au jugement*
« *des hommes sages de notre temps, puisse con-*
« *duire au but* (4). » Voici maintenant ce que
dit M. Royer-Collard du principe sur lequel re-
posent, suivant le philosophe écossais, les véritables et seules bases philosophiques : « Descar-

---

(1) *Essai sur les facultés de l'esprit humain*, tom. I,
page 320.

(2) *Ibidem*, page 311.

(3) *Ibidem*, page 306.

(4) *Ibidem*, page 326.

« tes s'est mal exprimé ; je ne suis pas parce que
« je pense, il n'y a pas lieu à l'*ergo ;* l'être pen-
« sant n'est pas engendré par la pensée (1). »
Mais rien de pareil n'est contenu dans le fameux
dilemme : Descartes ne dit pas qu'il est *parce
qu'il* pense, mais il dit avec raison qu'il est *puisqu'il* pense : il ne dit pas, Je pense, donc je nais
de la pensée ; mais, Je pense, donc la pensée naît
de moi : il ne donne point la pensée comme
CAUSE, mais comme PREUVE de son existence.
Aucune connexion n'étant plus intime qu'entre
la modification et l'objet modifié, entre l'action
et l'agent, entre la pensée et l'être pensant,
puisque les deux sont le même sous des formes
différentes, jamais deux propositions ne furent
liées par un *ergo* plus légitime que celles-ci : je
pense, donc je suis un être pensant.

Analysons ces deux propositions : dans JE PENSE,
est modification, action, effet ; dans JE SUIS, est
sujet modifiant et modifié, agent et cause. Dans
l'induction réalisée et rendue explicite par l'*ergo*,
et qui unit les deux propositions, on passe du
même au même différemment considérés ; on
passe du moi modifiant et modifié, au moi sujet,

---

(1) *Essai sur les facultés de l'esprit humain*, tom. II, page 434.

agent et cause de la modification. C'est le même être qui est et qui pense; qui n'est pas parce qu'il pense, mais qui pense parce qu'il est; et dont la nature est de penser, et qui est puisqu'il pense, car on ne peut agir sans être.

M. Jouffroy ayant averti, dans son introduction, qu'il fallait surtout s'en référer, pour le vrai sens des doctrines de M. Royer-Collard, au discours qui termine les fragments, c'est là que nous avons pris la citation précédente. Mais comme les objections contre l'enthymème de Descartes sont spécialement développées dans les fragments, nous y prenons la citation qui suit, et qui les résume de la manière la plus avantageuse : « Con-
« tinuons de suivre Descartes : jusqu'ici il n'y a
« de certain pour lui que le fait de la pensée.
« De ce fait il conclut sa propre existence; voici
« tout son raisonnement : tout ce qui pense
« existe; or je pense, donc j'existe. Descartes
« suppose donc qu'il sait qu'il pense avant de
« savoir qu'il existe, car les prémisses sont an-
« térieures à la conséquence; et en second lieu,
« qu'il déduit son existence de sa pensée (1). »

---

(1) *Essai sur les facultés de l'esprit humain*, tom. I, page 366.

Séparons les trois proposions contenues dans la citation qui précède.

1° *Tout ce qui pense existe; or je pense, donc j'existe.* Je défie le logicien le plus scrupuleux de trouver à redire à ce syllogisme.

2° *Descartes suppose qu'il pense avant de savoir qu'il existe.* Pour *supposer qu'on pense*, il faut déjà savoir qu'on existe. Descartes ne sépare point l'existence de la pensée; il n'a pu dire *pense* sans dire *je*. Avant d'affirmer la pensée, il a affirmé l'existence; au *cogito* est inhérent *ego*. S'il a présenté la pensée comme le principe et le point d'appui de son raisonnement, c'est qu'il connaît très-clairement sa pensée, tandis qu'il « ne se connaît pas lui-même (1) », ou plutôt tandis qu'il ne se connaît qu'imparfaitement. L'art logique se réduit à aller du connu à l'inconnu, ou du plus connu au moins connu. Toute induction, comme ici, passe du semblable au différent par le semblable. Descartes passe de la pensée à l'existence liée à la pensée, mais différente d'elle. « Les prémisses, dit encore l'illustre critique, sont antérieures à la conséquence : » aussi les prémisses *je pense*

---

(1) *Essai sur les facultés de l'esprit humain*, tom. I page 366.

sont logiquement antérieures à la conséquence *je suis*; car pour savoir qu'on est, il faut auparavant le penser.

3° *Il déduit son existence de sa pensée.* Il déduit, non le fait de son existence, mais la preuve de son existence, de sa pensée. La pensée est, suivant Descartes, la preuve non la cause de l'existence, et c'est dans ce sens qu'il déduit celle-ci de l'autre. Qui imputera jamais à l'auteur des *Méditations* et de la *Méthode* d'avoir pu croire et dire ce qui révolterait l'esprit de l'écolier le plus inepte, savoir, que la modification engendre l'objet modifié, que l'action engendre l'agent, que l'effet engendre la cause, et que la pensée engendre l'être pensant?

« Il y a deux faits dans le *cogito*, et tous deux sont certains. » Descartes le savait aussi bien que qui que ce soit. Dans le *je pense*, il ne pouvait ne pas reconnaître le fait du *je*, et le fait de la *pensée*. M. Royer-Collard en convient pour ce dernier : « L'un, que la réalité des pensées dont j'ai
» la conscience est indubitable : c'est celui que
» Descartes avoue, et sur lequel il prétend élever
» tout l'édifice de la connaissance humaine(1). »

---

(1) *Essai sur les facultés de l'esprit humain*, tom. I, page 366.

Il le nie pour le second : « *L'autre, que la pensée ne* « *peut exister hors de l'être pensant.* Principe que « Descartes n'aperçoit pas, et qu'il confond avec « le raisonnement(1). » Ces lignes ont de quoi étonner ; on est confondu de voir Descartes accusé de croire que la pensée peut exister indépendamment de l'être pensant, de ne pas apercevoir le principe nécessaire en vertu duquel pour penser il faut être, et de confondre ce principe avec le raisonnement ; d'où il suivrait encore que Descartes pensait qu'on pouvait raisonner sans exister. Mais il a dit : *je pense* ; il a donc reconnu l'être avant la pensée, l'agent avant l'action.

M. Royer-Collard termine sa critique par ces mots : « Ainsi c'est lui (Descartes) qui a ouvert l'abîme du scepticisme (2). » Comme s'il n'y avait point de sceptiques avant Descartes ! Celui qui a posé le *quid inconcussum*, le principe inébranlable, le pivot de diamant de toute philosophie, dans le JE PENSE, DONC JE SUIS UN ÊTRE PENSANT, ne s'était sans doute jamais attendu à

---

(1) *Essai sur les facultés de l'esprit humain*, tom. I, page 367.

(2) *Ibidem*, page 378.

être accusé d'avoir ouvert les abîmes du scepticisme.

M. Maine de Biran, de philosophique et loyale mémoire(1), a aussi exercé les forces de son esprit contre l'enthymème de Descartes. «Peut-être, dit-il, y a-t-il là un abîme(2)?» Rien ne nous paraît aussi simple que la manière dont l'auteur des *Méditations* a été amené à raisonner comme il l'a fait. Toute modification, se sera-t-il dit, prouve un sujet modifié; toute action prouve un agent. Or, la pensée est modification et action; donc elle prouve un MOI modifié, et en même temps agent de la modification qu'il éprouve.

« S'il y avait identité entre les deux membres
« de l'enthymème, je pense (ou *j'existe* par moi-
« même*), *donc je* suis (chose pensante), pour-
« quoi le *donc?* à quoi bon la forme du raison-
« nement(3)?» A montrer qu'on passe de la modification et de l'action, *pensée*, au MOI réalité, sujet modifié et agissant.

---

(1) Dans plusieurs lettres qu'il nous a adressées, et que nous conservons, il a donné les plus grands encouragements à nos premiers ouvrages.

(2) *Examen des leçons de philosophie* de M. La Romiguière.

* Il fallait dire : (ou je suis modifié.)

(3) *Examen des leçons de philosophie* de M. La Romiguière.

« Que s'il n'y a pas *immédiation* entre le prin-
« cipe et la conséquence, quel est l'intermédiaire?
« comment l'assigner, et sur quel procédé intel-
« lectuel peut-il se fonder (1)? » *Quel est l'intermédiaire?* Cet intermédiaire est le *je*, qui, se
considérant comme pensée et comme sujet, passe
de la modification au MOI modifié. *Sur quel procédé intellectuel peut-il se fonder?* Sur ce que,
dans tout raisonnement, on passe du connu à
l'inconnu, ou du mieux connu au moins connu,
par un terme moyen qui participe de l'un et de
l'autre; ainsi le *je* passe de la pensée, qui lui est
mieux connue, à son essence, à sa réalité, qui lui
est moins connue. Nous avons renfermé ce procédé dans la formule suivante : PASSER DU SEM-
BLABLE AU DIFFÉRENT PAR LE SEMBLABLE. Ce n'est
pas autrement que dans la nature sont parcou-
rues toutes les analogies.

Des qualités premières, et des qualités secondes de la matière.

« La division des qualités de la matière en pre-
« mières et secondes, n'est point fondée sur une
« hypothèse, mais sur la nature des choses;

---

(1) *Examen des leçons de philosophie* de M. La Romiguière.

« elle n'est point une méthode de notre esprit, « mais un fait, et un fait si important, qu'on peut « être assuré qu'un philosophe qui le néglige, « et qui raisonne des qualités secondes aux qua- « lités premières, marche à l'erreur (1). » Par la raison des contraires, nous sommes autorisé à dire que si la division des qualités de la matière en premières et secondes n'est point un fait, mais seulement un classement logique; si ces qualités ne diffèrent point par leur nature, mais simplement par leur modification; si elles sont également les propriétés de la même matière à l'état solide, gazeux, fluide, visible ou invisible, tombant ou ne tombant pas sous le tact; et si le philosophe en adopte la division comme fondée sur une différence spécifique, et s'il conclut des unes le contraire de ce qu'il conclut des autres, alors, raisonnant sur une fausse supposition, il *marchera droit à l'erreur.* Or, nous nous proposons de faire voir qu'entre les qualités dites premières, et les qualités dites secondes de la matière, il n'y a point de différence spécifique, et que ce que l'on affirme de la nature des unes, peut être affirmé de la nature des autres. Avant

---

(1) *Essai sur les facultés de l'esprit humain*, tom. I, page 378.

tout, il est essentiel de bien s'entendre sur le sens du mot *qualités*.

Lorsque nous parlons des qualités d'un corps, nous entendons ce qui nous le fait paraître ce qu'il est et pour lui-même et pour nous, ou, comme le dit le mot, ce qui le *qualifie*. Or, ce n'est que par la manière dont il nous affecte qu'un corps nous paraît ce qu'il est, qu'il nous paraît *tel* (1) qu'il est *qualifié*. Toute qualité suppose donc dans un objet deux choses : en lui, le pouvoir de nous affecter; et en nous, le pouvoir d'éprouver les affections qu'il excite. Il y a donc des *qualités-causes* et des *qualités-effets*, les unes inhérentes au sujet, et les autres n'étant que nos modifications. Elles se supposent réciproquement d'une manière si indispensable que, dans toutes les langues, les mêmes mots expriment les unes et les autres : *l'étendue de la matière, la chaleur du feu, l'odeur de la rose, la saveur de l'ananas, le bruit du tonnerre, la couleur rouge*, signifient, suivant le bon plaisir de celui qui emploie ou qui entend ces locutions, ou l'*étendue*, la *chaleur*, l'*odeur*, la *saveur*, le *son*, la *couleur*, qui résident dans les corps, en

---

(1) *Tel*, *quel*, mots réciproques; un objet n'est qualifié, n'a de qualités, que parce qu'il est tel.

tant que causes, ou ces mêmes qualités qui ne sont en nous que des effets ou des sentiments. Prendre le sentiment pour la cause qui le produit, prendre la cause pour le sentiment, sont des absurdités également réprouvées par le bon sens. Venons-en à présent aux qualités premières et secondes, telles que les entend la nouvelle école française.

M. Royer-Collard réduit les premières à l'*étendue* et à la *solidité* (1), qu'il refuse aux secondes, ne considérant celles-ci que comme des *puissances ne se manifestant à aucun de nos sens*, mais *excitant des sensations* (2). Leur différence, suivant lui, est que « nous connaissons « directement l'étendue et la solidité, et toutes « leurs modifications diverses..... et que nous ne « connaissons pas les qualités qui rendent les « corps propres à exciter en nous les sensa- « tions (3).....Nous ne devons à l'ouïe et au goût « que de pures sensations, sans aucune idée d'ex- « tériorité (4). La vue même, qui nous donne,

---

(1) *Essai sur les facultés de l'esprit humain*, tom. I, page 430.

(2) *Ibidem*, page 438.

(3) *Ibidem.*

(4) *Ibidem*, page 439.

« outre la sensation de couleur, l'idée d'extério-
« rité, ne nous apprend pas qu'il y ait des corps:
« elle ne nous montre que deux dimensions de
« l'étendue (1). »

Montrons 1° que les qualités secondes agissent par l'étendue et la solidité de même que les qualités premières.

Montrons 2° qu'on peut réduire les qualités premières à ne se manifester ni au tact ni à la vue, et en faire ainsi des qualités secondes, sans rien changer à leur nature; et qu'on peut également rendre les qualités secondes tangibles et visibles, et par-là en faire des qualités premières, sans rien changer à leur nature. Faisons voir, en un mot, que les unes et les autres n'agissent que par l'étendue et la solidité.

Si nous parvenons à établir la réalité de ces faits, il sera prouvé que la distinction des qualités de la matière en premières et secondes est logique et non ontologique, verbale et non réelle ; et qu'on peut philosopher sainement en affirmant des unes ce qu'on affirme des autres, et en les regardant comme étant de même nature.

---

(1) *Essai sur les facultés de l'esprit humain*, tom. I, page 439.

Qui doute que la lumière, le son, les saveurs, les odeurs, n'agissent par le toucher? Et ce qui agit par le toucher peut-il ne pas être étendu et solide? La lumière est décomposable; chaque rayon peut être réfléchi et réfracté, dispersé et rassemblé : or, ce qui est simple ne peut être ni composé ni décomposé, ni réfléchi ni réfracté, ni rassemblé ni dispersé. La lumière est donc matérielle; elle a des parties, elle est étendue et solide, solide parce qu'elle est étendue, chacun de ses éléments ne pouvant être pénétré par un autre, bien qu'il puisse lui céder sa place (1). Ce que nous disons de la lumière, nous le disons à plus forte raison du son, des odeurs et des saveurs, considérés, bien entendu, comme *qualités-causes*, et non comme *qualités-effets*; car, sous ce dernier rapport, l'étendue et la solidité elles-mêmes ne sont plus ni étendues ni solides, elles ne sont que des modifications de notre MOI.

Ce que nous venons de dire prouve la vérité de notre seconde assertion, savoir, que *les qualités premières sont susceptibles d'être amenées à ne plus être manifestables à la vue et au tact, et à devenir qualités secondes, sans qu'il soit rien*

---

(1) D'où la mobilité et la fluidité.

changé à leur nature. — Voilà un bloc de sel gemme ; il possède bien certainement les qualités premières de la matière, l'étendue et la solidité. Faites-le dissoudre dans une quantité d'eau suffisante, il cesse d'être appréciable à la vue et au tact; et cependant il agit encore comme qualité seconde sur la langue et sur le palais, en restant essentiellement le même, et sans avoir changé de nature.

On peut également, avons-nous dit, *rendre les qualités secondes tangibles et visibles, et par là en faire des qualités premières, sans rien changer à leur nature.* Soumettez à l'évaporation l'eau dans laquelle a été dissous le bloc de sel précité, vous le retrouverez en entier étendu et solide, appréciable à la vue et au tact, et il aura retrouvé ses qualités premières sans avoir changé de nature. La lumière, de qualité seconde devient qualité première, lorsque, par le travail du temps et des éléments, elle est rendue compacte dans le diamant. Un grain de musc qui n'a qu'un millième de la largeur d'une ligne, et qui affecte votre odorat comme qualité seconde, devient qualité première, lorsqu'il est soumis au microscope d'Amici.

Passons aux autres observations de M. Royer-Collard qui tendent à montrer la différence des qualités premières et des qualités secondes : *Nous connaissons directement l'étendue et la solidité, et toutes leurs modifications diverses.* Il a pourtant dit, un peu plus haut : « Hutcheson est le « premier des philosophes modernes qui ait fait « cette observation aussi fine que juste, que « l'étendue, la figure, le mouvement et le repos « sont plutôt des notions qui accompagnent les « perceptions du toucher, que des perceptions « proprement dites de ce sens (1). » L'être simple, en effet, ne peut percevoir *directement* le composé. Identique à lui-même, il ne saurait être simultanément dans les diverses parties du multiple ; il conclut et ne perçoit pas l'étendue ; il ne la connaît que par un jugement donné avec la perception. Nous ferons observer, à cette occasion, que s'il n'existait des essences simples, les langues peut-être n'auraient point le mot *étendue*, car les mots ne sont trouvés et employés que pour distinguer les objets les uns des autres. « La résistance et l'étendue sont des *qualités* et « non des *choses*. Elles résident dans un *sujet* qui « est inaccessible à nos sens, quoique notre raison

---

(1) *Essai sur les facultés de l'esprit humain*, tom. II, page 431.

« soit forcée de le concevoir. C'est ce sujet qui
« existe, qui dure, qui agit; mais nous ne tou-
« chons ni l'être, ni la durée, ni la force. L'étendue
« et l'impénétrabilité sont les seuls objets du
« tact (1). » L'étendue et l'impénétrabilité sont des
abstractions d'objets étendus et impénétrables ;
elles n'existent que dans notre esprit, et elles sont
inaccessibles au tact. Hors de notre intelligence il
n'y a que des objets étendus et impénétrables,
soit visibles, soit invisibles ; et c'est leur présence et leur réalité qui nous donnent le sentiment et l'idée d'impénétrabilité et d'étendue. On
ne touche que des *choses*, on ne touche point
des abstractions. L'étendue et l'impénétrabilité
ne sont que des noms donnés à des modifications que nous éprouvons par la présence de la
matière, que nous ne connaissons point en elle-
même.

Nous connaissons, suivant M. Royer-Collard,
non-seulement l'étendue et la solidité, mais encore *toutes leurs modifications diverses*. Si nous
connaissions toutes ces modifications, nous con-
naîtrions les qualités secondes, qui ne sont que
des modifications des qualités premières, et qui

---

(1) *Essai sur les facultés de l'esprit humain*, tom. II, page 43.

de même que celles-ci n'agissent que par la résistance, la forme et le mouvement, ou les touchers divers (1). La résistance est la condition primitive de toute sensation; sans elle aucune ne peut avoir lieu. Ses effets sont également inexplicables, soit qu'ils proviennent d'un corps appréciable au tact ou à la vue, soit qu'ils naissent de corpuscules intangibles ou invisibles, des qualités premières ou des qualités secondes.

Ni l'odorat, ni l'ouïe, ni le goût, ne nous l'apprennent (qu'il y a des corps); *nous ne leur devons que de pures sensations sans aucune idée d'extériorité.* Il est permis de supposer un aveugle né privé de l'usage de tous ses membres. Dans cet état, prendra-t-il pour de pures modifications de lui-même, les diverses odeurs, les divers bruits, les diverses saveurs qui changeront, et le modifieront sans sa volonté et contre sa volonté? Le toucher de l'odorat, de l'oreille, du goût, rendu plus attentif par le besoin, ne lui révélera-t-il pas l'étendue, la solidité, et jusqu'à un certain point la forme d'une odeur, d'un son et d'une saveur? Confondra-t-il avec ses modifications l'action de l'acide sulfurique sur sa membrane pituitaire, celle de l'air ramené à

---

(1) Voyez *Problème de l'esprit humain*, page 325.

un volume quatorze cents fois plus petit que celui qu'il occupait dans l'atmosphère et se détendant dans son oreille, et la saveur astringente de l'aloès et de l'écorce de grenadier limitée à une portion de la langue et du palais? Il sentira, il saisira, il palpera, pour ainsi dire, ces divers agents, avec le nez, l'oreille, le goût; il en déterminera la place et les distinguera de lui. Le moindre arome, la moindre saveur, le moindre son, lui donneront l'idée d'extériorité, autant que le léger duvet qui dans l'obscurité tombe sur notre main, et qui, qualité première pendant le jour, devient, la nuit, qualité seconde.

La vue même, qui nous donne, outre la sensation des couleurs, l'idée d'extériorité, ne nous apprend pas qu'il y ait des corps ; elle ne nous montre que deux dimensions de la matière. Il est difficile de comprendre comment la vue nous donne l'idée des couleurs et de l'extériorité, sans nous apprendre qu'il y ait des corps. Y aurait-il au-dehors des choses incorporelles et pourtant colorées et visibles? L'aveugle *William Jones* dont parle Addison, aussitôt qu'il a recouvré la vue, s'écrie : « Où suis-je transporté? Tout « ce qui m'environne est-ce ce dont on m'a si « souvent parlé? Est-ce la *lumière?* Est-ce le « *voir ?* » Vous voyez qu'il distingue la lumière de la vision, les rayons perçus du sentiment de cette perception.

La vue ne nous montre que deux dimensions de la matière. Regardez une pyramide triangulaire du côté d'une de ses arêtes, vous percevrez du même coup-d'œil longueur, largeur et profondeur; votre vue parcourra ces trois dimensions, comme pourrait le faire la main, qui même les embrasse avec moins de facilité que l'œil. Concluons que les qualités premières et les qualités secondes de la matière ne diffèrent entre elles que par la grandeur ou la petitesse des parties qui les rendent appréciables ou non au tact, visibles ou invisibles; que dans les qualités secondes il y a toujours étendue et résistance, et dans les qualités premières, saveur, odeur, et même son lorsque le corps est frappé (1). En outre, la solidité et l'étendue sous un assez gros volume n'agissent quelquefois que comme qualités secondes, ce qui arrive pour les aliments que nous avons récemment pris, et que l'estomac touche sans en distinguer la solidité et la forme. Il en est de même pour le contact des organes intérieurs entre eux.

---

(1) Il est, je crois, impossible de trouver un corps entièrement insipide et inodore.

M. Royer-Collard a réduit toutes les qualités premières de la matière à l'étendue et à la solidité : nous pensons que la solidité, la divisibilité, l'impénétrabilité, d'où naît la résistance, étant inséparables de l'étendue, et ne pouvant être conçues sans elle, toutes en définitif se réduisent à cette dernière. Maintenant, il ne sera pas inutile de résumer les principaux faits que nous avons signalés dans cet article, et d'en déduire quelques conséquences.

1° On donne indifféremment le nom de *qualités* au pouvoir qu'a la matière de nous affecter, et aux affections qu'elle excite en nous ; ce qui a donné lieu aux plus étranges méprises de la part de certains philosophes qui jouissent d'une grande célébrité, et qui ont corporifié les sensations, et intellectualisé la substance.

2° L'étendue est la propriété constitutive de la matière, et à laquelle peuvent être rapportées toutes ses autres propriétés, soit qu'on la considère dans ses agrégats ou dans ses éléments, dans sa visibilité ou dans son invisibilité.

3° Toute matière peut passer de l'état visible et tangible à un état invisible et intangible, et réciproquement : les qualités dites premières peuvent par conséquent devenir qualités secondes, et réciproquement.

4° Cette conversion réciproque des qualités de la matière ne change rien à leur nature, parce que la nature de la matière n'est pas dans son volume, mais dans la constitution de ses éléments.

5° S'il fallait classer les qualités de la matière par ce qui les rend appréciables à la vue et au tact, c'est-à-dire par leur volume, il faudrait, ce semble, adopter l'ordre suivant : *étendue, saveur, odeur, son, lumière;* cette dernière considérée en elle-même, et abstraction faite de l'action par laquelle elle nous montre les corps.

6° L'étendue suppose la solidité et l'impénétrabilité, et ces trois propriétés supposent la résistance. L'étendue suppose la divisibilité des agrégats, et la solidité et l'impénétrabilité supposent peut-être l'indivisibilité de leurs éléments.

7° La matière n'agit sur nous, ne produit en nous des sensations, qu'en provoquant par sa résistance celle de nos organes, et en déterminant la réaction de ceux-ci.

8° La résistance de la matière résulte de l'impénétrabilité de ses éléments; le sentiment de cette résistance nécessite un principe intelligent.

9° La résistance suppose toujours une double action ; celle de l'agent et du sujet, celle de la nature et celle de l'homme.

10° Les diverses sensations ne sont produites que par les diverses résistances des objets impressifs et des organes.

11° Cette diversité provient aussi de la diversité de la forme de l'objet impressif, et de celle du tissu impressionné.

12° Cette diversité provient, en outre, de la diversité des mouvements.

13° La cause du mouvement primitif de l'objet impressif est quelquefois hors de nous.

14° Cette cause est quelquefois au-dedans de nous, dans notre volonté.

15° Le dehors ne va à la volonté, et la volonté ne va au dehors, que par l'intermédiaire du système nerveux.

16° De sorte qu'au moyen de l'étendue, de la forme et du mouvement, lequel a sa cause au-dehors ou au-dedans de nous, ont lieu toutes les sensations.

17° Et comme tout est donné dans la sensation, ou à l'occasion de la sensation, on voit combien il importait de connaître les qualités de la matière, dont l'école écossaise n'a que des idées fausses ou inexactes.

De la Sensation et de la Perception.

« La sensation et la perception sont-elles un

« seul et même fait? ou, ce qui est la même
« chose, la sensibilité et l'intelligence sont-elles
« une seule et même faculté?

« On convient, dans la philosophie de la sen-
« sation, qu'il y a des sensations qui ne nous
« apprennent rien que leur propre existence et
« la nôtre, et que nous ne sortirions jamais de
« nous-mêmes si nous étions réduits à ces sen-
« sations : ce sont celles de l'odorat, du goût,
« de l'ouïe. On convient que les sensations du
« toucher diffèrent de celles dont nous venons
« de parler, en ce qu'elles nous révèlent des
« existences distinctes de la nôtre. Locke et
« Condillac le reconnaissent. N'est-ce point là
« une différence entre deux ordres de sensa-
« tions (1)?

« Nous admettons, nous, deux faits parallèles
« primitifs, qui ne dérivent point l'un de l'autre,
« ni d'aucun autre fait antérieur, la sensation et
« la perception (2). »

Le goût, l'odorat et l'ouïe pouvant, ainsi que
nous l'avons montré dans l'article précédent,
donner connaissance de l'extériorité, et les qua-

---

(1) *Essai sur les facultés de l'esprit humain*, tom. I,
page 408.

(2) *Ibidem*, page 270.

lités premières de la matière étant, sans changer de nature, conversibles en qualités secondes, et celles-ci réciproquement, il résulte que la sensation peut devenir perception, et la perception sensation; ce qui renverse de fond en comble la théorie exposée dans les deux paragraphes précédents. Mais comme l'école écossaise prétend que « les philosophes sont tombés dans « de graves erreurs et dans de faux systèmes pour « avoir confondu la sensation avec la percep- « tion (1), » et que rien en philosophie n'est plus essentiel à bien connaître que ces deux modes du même fait qui constitue l'humanité, nous nous y arrêterons autant qu'il sera nécessaire pour savoir à fond ce qu'il est, et pour éclaircir les difficultés élevées à son occasion. Nous opposerons au contenu des citations précédentes les quatre propositions qui suivent, correspondantes à autant de propositions contraires que ces citations renferment explicitement ou implicitement.

1° Il n'y a ni sensation sans perception, ni perception sans sensation.

---

(1) *Essai sur les facultés de l'esprit humain*, tom. I, page 270.

2° Toutes les sensations sont de même nature.

3° La sensation et la perception ne sont qu'un seul et même fait indivisible, quoique complexe.

4° Ce fait est sous la dépendance de faits antérieurs.

« Le mot *sensation* est le nom donné par les « philosophes à un acte de l'esprit (1).... Rien « n'est plus important que de se faire une no- « tion précise de cet acte simple de l'esprit, que « nous appelons *sensation* (2). » Ces paroles de Th. Reid répondent d'une manière affirmative, et même trop affirmative, à la question qu'a faite M. Royer-Collard : *La sensibilité et l'intelligence sont-elles une seule et même faculté ?* « Ce qui « est senti, dit-il lui-même ailleurs, tombe sous « l'œil de la conscience (3) »..... La sensation « n'est pas sentie sans quelque coopération de « l'attention (4).... Ni la sensation ne précède le « *moi* : si elle le précédait, il y aurait des sensa- « tions qui ne seraient point senties (5). » Vous

---

(1) *Essai sur les facultés de l'esprit humain*, tom. I, page 42.

(2) *Ibidem*, page 43.

(3) *Ibidem*, page 434.

(4) *Ibidem*, page 417.

(5) *Ibidem*, page 434.

voyez que la sensation est coexistante au *moi* qui la perçoit; qu'elle est indivisible de l'intelligence; que ce que nous sentons tombe sous l'œil de la conscience; que toutes les sensations sont senties, et par conséquent connues, et que toutes supposent un acte de l'esprit.

«Le mot perception signifie *connaissance*:» c'est encore M. Royer-Collard qui le dit (1). En montrant qu'il y a *connaissance* dans toutes les sensations, nous avons donc prouvé que dans toutes est perception. La nature a voulu nous distinguer des minéraux et des plantes, et, pour cela, elle nous a faits capables de connaître nos rapports avec les êtres divers. Pour saisir les différences de ceux-ci, elle a institué les sens, instruments analytiques, qui, dans la synthèse universelle, séparent, choisissent ce qui leur convient, et le transmettent à l'intelligence, qui se l'approprie et se l'identifie. Le tact et la vue perçoivent l'étendue, la forme et les couleurs; le goût, l'odorat et l'ouïe perçoivent et connaissent les saveurs, les odeurs et le son, qui sont aussi forme et étendue. De chaque sensation séparez la perception, il ne reste, comme dans la

---

(1) *Essai sur les facultés de l'esprit humain*, tom. II, page 443.

plante, que le mouvement organique. Dire qu'il peut y avoir sensation sans perception, est dire qu'on peut sentir sans avoir le sentiment, la conscience de ce qu'on sent.

Le mouvement organique, l'action des sens, ne sont pas, dans l'ordre auquel est assujetti le principe intelligent humain, moins nécessaires à la perception que celle-ci ne l'est à la sensation. « Nous ne percevons rien qui n'agisse sur nos organes (1). » Le mot le dit : percevoir est recevoir par l'intermédiaire des organes. Bossuet le savait fort bien : « Il est vrai que par un cer-
« tain accord entre toutes les parties qui com-
« posent l'homme, l'ame n'agit pas, c'est-à-dire,
« ne pense et ne connaît pas sans corps, ni la
« partie intellectuelle sans la partie sensitive (2). »
La pensée la plus fine, la plus subtile abstraction, n'ont point lieu sans un mouvement organique. Lorsque je me représente les idées *infini*, *Dieu*, *force*, *vertu*, je sens l'action et la tension de toutes les parties, ou de certaines parties du cerveau.

Les sensations, quoique diverses, sont toutes

---

(1) *Essai sur les facultés de l'esprit humain*, tom. I, page 331.

(2) *Connaissance de Dieu et de soi-même*.

de même nature : telle est la proposition dont nous avons à montrer la vérité. Quelles que soient les sensations, elles ne peuvent provenir que des sens ; les sens ne s'exercent que par le toucher ; celles qui se ressemblent le moins n'en sont pas moins des modifications du toucher. « Mais, dit M. Royer-Collard, dans les sensations que donne l'extériorité, il y a un plus (1) » qui n'est point dans celles que donne *l'intériorité* (2). Dans celles-ci, répondons-nous, il y a aussi un *plus* qui n'est point dans les autres, car l'étendue n'a ni goût, ni saveur, ni son, ni odeur. Quoique les fonctions des sens ne puissent être interverties, il n'en est pas moins certain qu'elles ne peuvent avoir lieu que par l'étendue, la solidité et la résistance, sans lesquelles n'existe point de toucher.

Dans les sensations que donne l'extériorité, continue l'habile dialecticien, il y a *telle chose*, tandis que dans les autres il n'y a que *quelque chose* (3). Nous répondons que les effets du goût, du son et de l'odorat étant parfaitement distincts,

---

(1) *Essai sur les facultés de l'esprit humain*, tom. I, page 412.

(2) *Veniam petimusque damusque vicissim.*

(3) *Essai sur les facultés de l'esprit humain*, tom. I, page 414.

et ne pouvant être confondus, ils sont non seulement quelque chose, mais encore telle chose.

Il insiste : « Avant de percevoir *quelque chose*, dit-il, nous percevons *telle chose*(1). » Cette assertion est fausse ou au moins hasardée. Les enfants qui viennent de naître perçoivent quelque chose avant de percevoir telle chose; la même chose a lieu lorsque nous sommes adultes. En ouvrant les yeux dans un vaste paysage, nous percevons d'abord confusément ce qui ensuite devient clair et distinct. La synthèse, en un mot, précède toujours l'analyse.

Lorsqu'on n'a que des doctrines imparfaites, on ne se presse guère de donner des définitions; et c'est ce dont se sont abstenus Reid et son savant commentateur, pour ce qui regarde la perception et la sensation. Nous donnons ici ces définitions, en les soumettant au jugement du lecteur.

PERCEPTION : CONNAISSANCE DE L'EFFET DE L'ACTION DES OBJETS SUR NOUS, EFFET QUI PARFOIS NOUS DONNE LA FORME ET L'IMAGE DES OBJETS EN NOUS FAISANT IRRÉSISTIBLEMENT CROIRE A LEUR

---

(1) *Essai sur les facultés de l'esprit humain*, tom. I, page 414.

EXISTENCE, ET QUI, D'AUTRES FOIS, NOUS FAIT CONNAITRE NOS AFFECTIONS SANS RENDRE PRÉSENT L'OBJET QUI LES EXCITE; DANS LE PREMIER CAS, NOUS SOMMES MIS EN RELATION AVEC LE MONDE EXTÉRIEUR, ET, DANS LE SECOND, AVEC LE MONDE INTÉRIEUR. IL Y A NÉANMOINS, DANS TOUTE PERCEPTION, QUOIQUE A DES DEGRÉS TRÈS-DIVERS, CONNAISSANCE DE L'EXTÉRIORITÉ ET DE NOS AFFECTIONS.

SENSATION : PERCEPTION DE L'EFFET D'UN MOUVEMENT ORGANIQUE.

Nous sommes arrivés à la troisième proposition : *sensation, perception, ne sont qu'un seul et même fait indivisible, quoique complexe.* Vous venez de voir que dans la définition que nous avons donnée de la sensation, la perception entre comme partie intégrante, et que la sensation ne renferme de plus que la perception, rien si ce n'est le mouvement organique. Vous avez en outre vu que dans perception est connaissance donnée par l'action des objets extérieurs, laquelle s'exerce sur nos organes et en produit le mouvement. La perception exige donc la sensation. La perception et la sensation sont donc coexistantes et se supposent mutuellement, puisque l'une ne peut avoir lieu sans l'autre. Elles se tiennent aussi indivisiblement que le corps et l'ame. De la sensation ôtez la perception et la connaissance, elle est vide et inanimée, *elle n'est point sentie*, comme dit M. Royer-Collard, elle n'est plus sensation, ce n'en est plus que le simulacre, comme dans certains mouvements des plantes. De la perception ôtez l'action des sens, ôtez la sensation, elle est chimérique, elle est un fait extra-humain, elle appartient à un autre ordre de choses et à une substance angélique.

Ici, sous peine de faire fausse route et de n'arriver jamais, il faut se séparer de l'école écossaise; écoutons M. Royer-Collard, qui, en traitant cette question, a soulevé tous les fondements de la philosophie : « Ce n'est pas la nature des
« choses qui circonscrit nos facultés dans la
« sphère d'activité des organes, c'est la seule
« volonté du Créateur. Nous percevons les objets
« parce que nous avons reçu la faculté de percevoir, non parce qu'ils agissent sur nos organes.
« Nous ne percevons rien qui n'agisse sur nos
« organes, parce que notre faculté de percevoir
« est limitée par certaines lois adaptées au rang
« que nous occupons dans l'univers (1). » Démêlons les assertions renfermées dans cet important paragraphe.

---

(1) *Essai sur les facultés de l'esprit humain*, tom. I, page 330.

1° *Ce n'est point la nature des choses qui attache la faculté de connaître à l'activité de nos organes.*

2° *C'est la seule volonté du Créateur qui fait que la perception nécessite l'action des organes.*

3° *Nous ne percevons rien qui n'agisse sur nos sens, non parce que la perception est naturellement liée au mouvement organique, mais parce que notre faculté de percevoir est limitée par certaines lois adaptées au rang que nous occupons dans l'univers.*

Réponses : 1° N'est-il pas contre toute analogie d'assurer que, pour un être mixte ayant un corps et une ame, la nature de la connaissance qui est essentiellement action, n'est pas naturellement liée à l'action des organes? Si les organes par eux-mêmes ne servent en rien à l'intelligence, ils sont un hors-d'œuvre. Pourquoi ne pas les en avoir séparés, comme dans la plante, où la force qui les dirige et la connaissance de cette direction sont hors d'elle? Pourquoi le corps, si nous pouvions connaître sans corps? La connaissance sans doute peut être conçue indépendante de toute organisation; telle elle est en Dieu; mais dans l'homme, elle est ou naturellement, ou par la volonté divine, ce qui est la même chose, indivisible de l'action des sens.

2° *C'est la volonté du Créateur qui a lié la per-*

ception au mouvement des sens. Cette union est donc dans *la nature des choses;* car la nature des choses est dans la nature et la volonté de Dieu; elles n'ont pu être que ce qu'il les a faites, et il les a faites ce qu'elles *devaient être*, ce qui était dans leur nature, leur nature étant ainsi en dernier ressort sa sagesse et sa volonté ; ce qui est vrai du moindre des faits et des phéno-. mènes. Mais, bien que ces doctrines primitives soient incontestables, « aura-t-on recours à Dieu
« pour interpréter les volontés de l'ame au corps,
« et pour communiquer les mouvements du
« corps à l'ame? Dans ce système qui est celui
« des causes occasionnelles, l'intervention conti-
« nuelle de la cause générale fait de chaque
« cas particulier un miracle ; et Dieu employé
« comme machine , *Deus ex machinâ*, ne résout
« pas mieux un problème qu'il ne dénoue un
« drame (1). » On voit que nul ne pouvait mieux réfuter M. Royer-Collard que M. Royer-Collard lui-même. Gardons-nous donc, dans l'explication des phénomènes, d'appeler l'intervention de la puissance et de la volonté suprêmes. Au reste, l'école écossaise n'ayant point même pris la peine de chercher s'il n'existait pas un moyen de communication entre la sensation et la perception,

---

(1) *Essai sur les facultés de l'esprit humain,* tom. I, p. 396.

un rapport entre l'esprit et la matière, était bien forcée d'appeler, par désespoir, le secours de ce dénoûment universel.

3° *Notre faculté de percevoir est limitée par certaines lois adaptées au rang que nous occupons dans l'univers.* Il existe donc des lois qui établissent la communication entre notre principe intelligent et nos organes. Jusqu'ici on a négligé l'étude de ces lois, et cette négligence est cause que la science philosophique n'est point faite, comme en convient l'école moderne. C'est à cette étude que nous avons consacré plusieurs années de méditations et de travail; elle est le but direct ou indirect de tous nos livres, et le principal objet du Traité de philosophie que nous espérons soumettre dans quelques mois au jugement du public.

Si, comme l'a avancé l'auteur des *Fragments*, la sensation et la perception sont deux faits parallèles primitifs qui ne dérivent point l'un de l'autre, et qui sont réciproquement indépendants, d'où viennent les soins minutieux que la nature a pris pour passer graduellement de la matière à l'esprit, du mouvement des sens à la volonté? Toutes ces précautions ne seraient-elles que des moyens de nous dérober la vérité et de nous tromper? « Il faut pour qu'un muscle

« se contracte volontairement, que des nerfs se
« répandent dans ses fibres ; que ces nerfs se
« continuent sans interruption jusqu'à leurs cen-
« tres; que du sang rouge circulant et bien res-
« piré abreuve incessamment et ce muscle et les
« centres nerveux, et que le sang veineux puisse
« s'en éloigner librement. Il faut que le cerveau,
« il faut que la moelle épinière soient libres de
« toute compression et de toute maladie; il faut
« que l'attention soit présente, et que la volonté
« soit active (1). » S'il est plus expéditif d'expli-
quer la contraction du muscle par la volonté de
Dieu, il est certes plus philosophique d'étudier
et de montrer les nombreux moyens qui le font
contracter. Admettez ce principe de l'école écossaise, il n'y a plus de causes, il n'y a que des
faits parallèles, et successifs ; Hume est le philosophe par excellence, et il faut reconnaître pour
vraie l'*harmonie préétablie* de Leibnitz, en vertu
de laquelle ont lieu tous les phénomènes intellectuels et organiques, sans que le corps et l'ame
exercent aucune influence l'un sur l'autre, et à
propos de laquelle Reid a dit : « Je crois que
« tant que les hommes auront des sens, cela seul

---

(1) *Physiologie médicale*, tom. II, page 481.

« suffira pour rendre ces systèmes ridicules (1). »

Consultons en effet le bon sens : je veux remuer mon bras, je le remue ; il est dur de penser que ma volonté n'est pour rien dans ce mouvement ; et qu'en elle est une cause qui la détermine, et, dans le mouvement des organes, une autre cause qui le produit, sans que ces deux causes et ces deux actions aient rien de commun, sans qu'elles s'influencent naturellement d'aucune manière, de sorte qu'il y ait entre elles rapport de succession (2), et non d'union, de simultanéité actuelle ou préétablie, et non de cause et d'effet. Cependant tous les hommes croient que lorsqu'ils parlent, marchent, ouvrent les yeux et pensent, ce sont bien eux qui font mouvoir leurs langues, leurs bras, leurs jambes, leurs yeux, et qu'ils produisent leurs pensées. Il serait difficile de leur persuader qu'ils ne contribuent en rien à ces actes. Que devient alors le grand principe de l'auteur des *Fragments* : TOUT CE QUE LES HOMMES SONT FORCÉS DE CROIRE EST VRAI ?

---

(1) *Essai sur les facultés de l'esprit humain*, tom. I, page 260.

(2) *Ibidem*, page 430. « Il n'y a entre toutes ces choses « qu'un rapport de succession. »

« C'est la causalité qui rend les corps odorants,
« savoureux, sonores, chauds et froids; ils le
« sont véritablement; ils possèdent les proprié-
« tés que nous leur attribuons (1). » Les corps
n'ont ni chaud ni froid, ils ne flairent, ni n'en-
tendent, ni ne savourent, mais ils excitent en
nous le sentiment du froid et du chaud, des saveurs, des odeurs et du son. Ils agissent donc
sur nous; entre eux et nous est donc autre chose
qu'un rapport de succession; entre eux et nous
est rapport de cause et d'effet. « Nous sommes
« donc assurés qu'il réside dans les corps des
« puissances occultes qui les rendent capables
« de produire en nous le plaisir et la dou-
« leur (2). »

Quinze pages sont consacrées, dans les *Fragments*, à chercher si les propriétés de la matière sont *absolues* ou *relatives*. Ces qualités,
considérées par rapport à la matière, sont absolues; considérées par rapport à notre manière
de percevoir leur effet, elles sont relatives; invariables comme l'essence des objets, et variables comme notre mode de perception. Leur

---

(1) *Essai sur les facultés de l'esprit humain*, tom. II, page 444.

(2) *Ibidem*, tom. II, page 288.

action sur nous est un fait primitif qui, s'il était explicable, ne serait plus primitif, puisqu'il ne le serait qu'à l'aide de faits antérieurs. Sur ce sujet on ne dira jamais mieux que M. Royer-Collard : « La science sera complète quand elle « saura dériver l'ignorance de sa source la plus « élevée (1). »

Nous avons une autre observation importante à faire, à l'occasion de la citation suivante également prise dans les *Fragments*. « Le résultat « le plus général que présente l'histoire de la phi-« losophie moderne, celui qui la caractérise de « la manière la plus frappante, quand on la com-« pare à la philosophie ancienne, c'est qu'elle « est sceptique sur l'existence du monde exté-« rieur..... Je dis qu'avoué ou désavoué, mani-« festé ou caché, l'idéalisme est contenu dans « toutes les doctrines modernes, et qu'il en sort « nécessairement (2). » Malgré l'intention manifeste qu'ont eue Reid et son interprète de mettre le monde extérieur hors des atteintes du scepticisme, nous pensons que leurs théories sur la sensation et la perception lui fournissent des

---

(1) *Essai sur les facultés de l'esprit humain*, tom. II, page 435.

(2) *Ibidem*, page 427.

armes dont il est difficile de parer les coups, et que de leurs doctrines sur cette matière sort aussi l'idéalisme. « A l'occasion de ce qui se passe « en elle, dit Leibnitz, cité par M. Royer-Collard, « l'ame connaît ce qui se passe hors d'elle..... c'est « l'expression la plus générale et la plus heu- « reuse du fait de la perception considérée dans « son rapport avec la sensation (1). » Or, si ce n'est qu'à l'occasion de ce qui se passe en elle, que l'ame connaît ce qui se passe hors d'elle, et si entre elle et ce qui se passe hors d'elle il n'y a aucune connexion, aucun moyen de communication; si la sensation n'est point cause, mais seulement occasion de la perception, si entre ces deux faits il n'y a que succession sans liaison, c'est elle-même, elle seule, une de ses modifications, que l'ame voit, lorsqu'elle aperçoit le monde en elle; car comment connaître en soi un monde qui ne nous tient en rien, et qui n'a et ne peut avoir sur nous aucune action? LA PERCEPTION NE PEUT NOUS DONNER LA CONNAISSANCE DU MONDE EXTÉRIEUR QU'AUTANT QUE CELUI-CI AGIT RÉELLEMENT SUR NOUS.

Il ne nous reste, pour terminer cet article,

---

(1) *Essai sur les facultés de l'esprit humain*, tom. II, page 330.

qu'à prouver en quatrième lieu que *la sensation et la perception dérivent de faits antérieurs à elles*, bien que le savant critique ait en commençant avancé le contraire. Dans un autre endroit il nous donnera lui-même les moyens de détruire son assertion. « La sensation et la perception « sont précédées de certaines impressions sur les « organes, sur les nerfs, et sur le cerveau (1). » Ces impressions elles-mêmes sont précédées de l'action du dehors, ou de celle de notre volonté ayant pour intermédiaires notre organisation; ainsi a lieu l'alliance perpétuelle et sans intermittence de l'esprit et de la matière, de l'homme et de la nature.

Des Idées.

« Fixons le sens qu'il faut attacher au mot *idées*. « Dans la langue commune, avoir l'idée d'une « chose signifie seulement penser à cette chose; « avoir l'idée distincte d'une chose, c'est la con- « cevoir distinctement. Quand le mot *idée* est « pris dans cette acception vulgaire, il n'y a pas « de doute que nous n'ayons des idées; penser « sans idées serait ne pas penser; l'idée ou la no-

---

(1) *Essai sur les facultés de l'esprit humain*, tom. I, page 330.

« tion, c'est l'action de concevoir; l'idée n'exprime
« que les actes divers de l'esprit qui conçoit ou
« connaît. Les idées, dans ce sens, ne sont pas des
« êtres distincts des esprits; elles sont les es-
« prits eux-mêmes, considérés dans leurs opé-
« rations successives. Il n'y a point, à propre-
« ment parler, d'idées dans la nature, il n'y a
« que des esprits et des corps (1). » Analysons
cet article, et examinons une à une les propositions qu'il renferme.

1° L'idée n'exprime que les divers actes de
l'esprit qui conçoit et connaît.

2° Les idées sont les esprits eux-mêmes considérés dans leurs opérations successives.

3° Les idées ne sont pas distinctes de l'esprit.

4° Il n'y a point, à proprement parler, d'idées
dans la nature, il n'y a que des esprits et des
corps.

Voici nos observations sur ces quatre propositions.

1° Si *l'idée n'exprime que les divers actes de
l'esprit qui conçoit et qui connaît*, percevoir, ré-
fléchir, juger, connaître, analyser, abstraire,

---

(1) *Essai sur les facultés de l'esprit humain*, tom. I,
page 340.

n'est qu'avoir des idées; ce qui est contraire à la signification que toutes les langues donnent au mot *idée*. En admettant même en général cette théorie de l'école écossaise, il ne faudrait pas dire que *l'idée exprime les divers actes de l'esprit*, mais les résultats des divers actes de l'esprit. *Cet homme a beaucoup d'idées dans la tête* ne veut pas dire qu'il pense beaucoup actuellement, mais qu'il conserve dans son esprit beaucoup de produits de sa pensée antérieure et de la pensée d'autrui.

2° *Les idées ne sont pas les esprits eux-mêmes considérés dans leurs opérations successives*, puisque nous venons de voir qu'elles existent dans l'esprit antérieurement à ces opérations. Il est vrai qu'il faut agir et penser pour revenir sur les résultats de ces opérations, mais on n'y revient que parce qu'ils existent déjà.

3° *Les idées ne sont pas distinctes de l'esprit :* l'esprit est le principe qui forme les idées; les idées sont le produit de cette action. Les idées diffèrent de l'esprit, comme un ouvrage terminé diffère de l'ouvrier qui l'a fait.

4° *Il n'y a point, à proprement parler, d'idées dans la nature, il n'y a que des esprits et des corps.* Faites succéder le chaos à l'ordre, il n'y aura plus d'idées dans l'univers, les formes et les organisations étant considérées comme les idées de la nature. Otez aux esprits le pouvoir d'analyse, ils n'en existeront pas moins, mais tout pour eux sera vague et confus, il n'y aura plus d'idées; rendez-leur ce pouvoir, l'indéterminé sera renfermé dans des limites, il y aura des idées.

Si par idées vous entendez les fantômes matériels ou immatériels de Platon et des Péripatéticiens placés dans l'ame ou dans le cerveau, et servant d'échelons et d'intermédiaires pour arriver *aux objets corporels ou intellectuels*, elles ne font plus question, bonne justice en a été faite par Antoine Arnauld et surtout par l'école écossaise. Il a été démontré que de telles idées ne sont pas des *êtres distincts*, ayant une existence propre et réelle, mais qu'elles sont de vaines fictions, des chimères nées de l'impuissance de trouver le lien qui unit l'esprit à l'organisation. Mais si, par idées, ainsi que l'exige la vérité des choses, vous entendez les modifications de l'esprit rendues distinctes et permanentes, correspondant à certaines habitudes ou formes du cerveau, traduites au dehors, et renfermées en des images ou en des sons, alors, certes, il y a des idées : il y en a si bien, que dans l'esprit n'est autre chose si ce n'est la faculté d'en former de nouvelles. Chaque mot du dictionnaire, chaque image, chaque tableau, en renferme une ou plusieurs. Il n'y a, en un mot, que des idées, leurs combinaisons et le pouvoir de les former, dans l'intelligence du genre humain.

Toutes les notions simples ou composées que nous avons et que nous nommons *idées*, sont renfermées en des images ou en des mots ; toutes sans exception se rapportent à des objets ou individuels ou généraux, ou visibles ou invisibles, *lion*, *soleil*, *homme*, *Dieu*. Dans toutes les langues, ces mots et leurs correspondants sont ou des images naturelles, comme dans les écritures figuratives; ou des images conventionnelles, comme dans le chinois; ou des sons dont les éléments sont figurés par de menus linéaments appelés *lettres*, comme dans les langues classiques. Nous ne pouvons comprendre la signification soit de ces images, soit de ces lettres, qu'en vertu de la correspondance qui est entre elles et le cerveau au moyen de la vue et de l'oreille, et de celle qui existe entre le cerveau et l'intelligence. Ces images et ces mots enveloppes de nos perceptions, ces *idées*, en un mot, ont nécessairement leur signalement dans l'encéphale et dans l'esprit, puisque toutes les fois qu'ils sont présentés à l'œil ou à l'ouïe, ils sont saisis et compris de la même manière par le cerveau et l'intelligence.

Les images et les lettres, qui sont les signes des idées, viennent se peindre sur la rétine; mais, est-il dit dans les *Fragments*, elles n'aboutissent point au cerveau, puisqu'elles sont interceptées par un rideau noir (la choroïde), et que le principal instrument de la vision, le nerf optique, est lui-même opaque. Personne n'ignore que la lumière est mêlée aux ténèbres les plus épaisses, que l'œil du prisonnier s'accoutume à la discerner dans un cachot obscur, et qu'un fer qui n'a point été chauffé jusqu'à l'incandescence, n'en est pas moins lumineux placé dans l'obscurité. Si l'image, d'ailleurs, n'avait point son effet d'après les lois de l'optique, elle pourrait l'obtenir par le contact. Les aveugles reconnaissent les formes et même certaines couleurs avec leurs doigts. Peut-on croire que la nature ait fait l'admirable instrument de l'œil propre à reproduire en petit l'image des objets, sans que nous ayons le sentiment de cette image ? Et si nous en avons le sentiment, ce ne peut être qu'au moyen des nerfs qui aboutissent au cerveau.

Quant aux images auriculaires onomatopéiques agissant sur le cerveau, au moyen de l'oreille, par des vibrations déterminées et spéciales, elles y déterminent et spécialisent des mouvements correspondants dont se conserve l'habitude, si bien que l'intelligence peut distinguer les divers mots et leur donner un sens précis.

Tous les autres mots sont artificiellement construits, et agissent à l'instar des mots naturels ou onomatopéiques; tous ils déterminent des habitudes spéciales dans l'organe auditif, qui, seul, s'il n'avait avec le cerveau des relations analogues à la forme qui lui a été imprimée par tel ou tel son, serait aussi sourd que la plante et le minéral. Lorsqu'un objet frappe nos sens pour la première fois, nous en faisons une idée en le distinguant par un mot nouveau qui réveille la sensation qu'il a primitivement excitée en nous. Les idées sont les pièces de l'échiquier intellectuel que meut et combine la pensée.

« Qu'est-ce, est-il dit encore dans les *Fragments*,
« qu'une image du chaud ou du froid, de la
« dureté ou de la mollesse? Qu'est-ce qu'une
« image d'un son, d'une odeur, d'une saveur (1)? »

---

(1) *Essai sur les facultés de l'esprit humain*, tom. I, page 344.

Il est des images tactiles au moyen desquelles, indépendamment de la couleur, peuvent être reconnus les objets; et, s'ils sont reconnus, qu'importe que ce soit par leur forme ou par leur couleur? Saunderson voyait avec ses doigts mieux que les clairvoyants avec leurs yeux. Le chaud, le froid, la dureté, la mollesse, le son, les saveurs, les odeurs, sont déterminés par certaines formes de la matière produisant dans les organes des mouvements et, à la longue, des habitudes, analogues à ces formes. L'éducation même apprend à mieux connaître cette sorte d'images : il n'est point de son qu'un musicien ne distingue d'un autre son, ni de saveur qu'un gourmet ne distingue d'une autre saveur; ce qui ne pourrait avoir lieu, si les impressions particulières produites sur l'oreille ou sur le palais n'avaient toujours la même forme, n'étaient perçues sous la même *image*.

« Le cerveau a été disséqué une infinité de
« fois par les anatomistes les plus habiles, qui en
« ont examiné chaque partie à l'œil nu et avec
« le secours du microscope; ils n'y ont jamais
« rien vu qui ressemblât à des images (1). » Eh

---

(1) *Essai sur les facultés de l'esprit humain*, tom. II, page 343.

quoi! n'existe-t-il donc que ce qu'on peut voir ? Un nombre infini de fibres, de moyens, de ressorts, que n'ont vus et ne verront jamais l'œil ni le microscope, font partie du cerveau ; et des milliers de mondes sont, qui leur échapperont toujours à cause de leur excessive ténuité. Ni dans l'infiniment petit, ni dans l'infiniment grand, la vue et les autres sens, aidés de nos instruments, ne sont de mesure à embrasser la réalité et à s'en rendre les maîtres. Le microscope crée bien pour nous l'animal infusoire, mais il ne reproduit ni ses organes, ni ses fibres, ni ses humeurs, ni les vaisseaux dans lesquels elles circulent. Pourquoi, d'ailleurs, ce qui se passe bien certainement sur notre physionomie n'aurait-il pas lieu dans le cerveau? Nos passions et nos affections, l'amour et la haine, la bienveillance et la colère, la gaieté et la mélancolie, laissent dans les yeux, sur le front, sur le visage, sur les lèvres, et jusque dans notre démarche, des *traces*, des habitudes et des manières d'être qui ont leurs signes et leur écriture lisible et intelligible, dont l'empreinte reconnaissable est transmise au cerveau; et ce n'est qu'au moyen de ces traits, dont instinctivement ou volontairement vient ranimer l'expression un fluide quelconque, nerveux, électrique, magnétique, ou galvanique, que peuvent être reconnues les affections et les passions gravées sur la physionomie, et que peuvent être expliquées les causes des rêves, de l'action du moral sur le physique, et celle de la mémoire et de l'imagination. Nous disons donc, avec l'auteur des Fragments, qu'*il n'y a que des esprits et des corps;* mais nous ajoutons, qu'avec ces esprits et ces corps sont formées des idées, dans lesquelles sont déposées toutes nos perceptions, et qui en sont le relief et la forme. L'esprit crée les idées diverses, comme le corps crée ses leviers, ses outils et ses engins, la hache, le marteau, la poulie, la machine à vapeur. L'un et l'autre, dans ces opérations, ne font que spécialiser ce qui était général. Dans les idées est notre activité intelligente; dans les machines et la force de la nature : les unes et les autres sont fécondes; d'elles éclosent de nouvelles idées est de nouvelles machines. Le principe de l'école écossaise, qu'*il n'y a point d'idées distinctes et permanentes*, rendrait donc à jamais la philosophie impossible, en faisant méconnaître les premières et les plus importantes opérations de l'esprit humain. Les explications que nous avons données montrent aussi combien est futile la question des idées innées, puisque toutes nous sont naturellement données par l'*expé-*

rience des sens, ou artificiellement formées par l'activité de notre esprit. Nos aptitudes, les lois de l'organisation et de la pensée qui correspondent à ces aptitudes, sont seules innées, puisque les premières sont coexistantes à nos facultés, et que les secondes président à la formation de notre constitution physique et morale, et qu'elles nous incitent et nous dirigent avant que nous ayons des idées.

Du principe d'Induction et de Causalité.

« Comment saisissons-nous en touchant ce « qui ne peut être touché ? (1) »..... La substance « ou l'être, la durée, la causalité, ne sont aper- « çues que par la conscience (2)..... Le procédé « par lequel nous transférons hors de nous, dans « la perception, ce que nous n'avons pu observer « qu'en nous-mêmes, je l'appelle *induction* (3). » Il est bien vrai que nous tirons de nous-mêmes le monde extérieur, mais nous ne pouvons l'en sortir que parce qu'il y est entré dans la perception. Ce ne sont point nos facultés seules qui

---

(1) *Essai sur les facultés de l'esprit humain*, tom. II, page 438.
(2) *Ibidem.*
(3) *Ibidem.*

4.

en ont engendré la notion par leur propre énergie, ainsi que le veut Kant; mais c'est l'action des objets extérieurs qui les a révélés à notre conscience. Pesons scrupuleusement les mots dont nous examinons le sens : *Le procédé par lequel nous transférons hors de nous, dans la perception, ce que nous n'avons pu observer qu'en nous-mêmes.* Ce n'est pas, comme le dit M. Royer-Collard, *dans la perception* que nous faisons cette opération ; c'est dans la perception que nous avons la connaissance des objets du dehors. La perception et la connaissance ont précédé l'observation, et celle-ci l'induction. On ne peut donc dire que ce soit dans la perception que nous transférons hors de nous le monde extérieur, puisque pour cette translation il faut observation et induction postérieures à la perception qui déja nous l'a donné. Il est vrai néanmoins que *c'est en nous-mêmes que nous observons les objets extérieurs ;* mais nous ne pouvons les y voir que ce qu'ils sont, c'està-dire extérieurs; ils n'y sont donnés à la conscience que par l'intermédiaire des sens; ils n'y apparaissent jamais primitivement et exclusivement *intérieurs.*

L'INDUCTION, suivant nous, EST donc LE PROCÉDÉ PAR LEQUEL DE L'ACTION DES OBJETS EXTÉ-

RIEURS SUR NOS SENS PERÇUE PAR L'INTELLIGENCE, NOUS CONCLUONS LEUR EXISTENCE AU DEHORS ET LEUR RÉALITÉ.

De l'induction du monde extérieur, M. Royer-Collard passe à l'*induction de causalité*. Nous pensons que l'ordre voulait que d'abord l'on posât le principe de causalité, et qu'on en tirât ensuite le principe d'induction qui n'en est qu'une application. Le principe de causalité peut être conçu exister seul, mais le principe d'induction ne peut être conçu exister sans causalité.

« Ce qu'il y a du moins de bien certain, c'est
« que la notion que nous nous formons d'une
« cause, est puisée dans le sentiment que nous
« avons de la nôtre; et ce qui le prouve, c'est
« que nous importons cette notion au dehors,
« et que nous concevons à son image toutes les
« causes extérieures (1). » Il nous est aussi impossible de ne pas croire que les objets extérieurs agissent sur notre volonté, qu'il nous est impossible de croire que notre volonté n'agit pas sur nos organes. La causalité est « une loi pri-

---

(1) *Essai sur les facultés de l'esprit humain*, tom. II, page 278.

« mitive de notre nature, qui se manifeste avec
« des caractères de nécessité et d'universalité, à
« propos d'une expérience accidentelle (1). »
Nous disons : à propos d'une expérience nécessaire, universelle et sans exception. L'action et
la réaction des sens et de l'esprit, est un fait,
une expérience sans exception. Nous ne pouvons
nous refuser au plaisir de citer les belles paroles
de M. Royer-Collard, au sujet des conséquences
du principe de causalité. « A mesure donc que
« la réflexion retire la causalité que l'ignorance
« avait répandue sur les objets, les volontés
« locales exilées du monde matériel sont successivement rassemblées et concentrées par
« la raison en une volonté unique, source com-
« mune de toutes les volontés contingentes,
« cause première et nécessaire, que la pensée de
« l'homme affirme sans la connaître, et dont elle
« égale le pouvoir à l'étendue, à la magnificence,
« à l'harmonie des effets qu'elle produit sous
« nos yeux. Toute force est la sienne; les forces
« individuelles que nous matérialisons dans les
« objets ne sont que des ministres aveugles de

---

(1) *Essai sur les facultés de l'esprit humain*, tom. II, page 278.

« cette volonté toute-puissante; elles ignorent les
« lois qu'elles exécutent avec une si parfaite pré-
« cision; elles s'ignorent elles-mêmes (1). »

D'accord avec l'école écossaise sur les conséquences des principes de causalité et d'induction,
voici ce en quoi nous différons sur l'origine et
le mode d'agir et de se manifester de ces principes. Nous pensons,

1° Que la causalité, dans l'ordre logique et
dans celui de génération, précède l'induction.

2° Que c'est l'action des sens (du dehors),
qui donne le monde extérieur à la conscience,
et non la conscience qui donne le monde extérieur aux sens. Ce n'est point par induction,
mais par perception, que les enfants connaissent leur nourrice.

3° Que la volonté est cause, bien que M. Royer-
Collard dise : « La volonté ne constitue pas en-
« core une cause : elle a besoin de pouvoir pour
« agir (2). » Il avait dit un peu plus haut : « Penser
« c'est vouloir. » Si dans pensée est volonté, dans
volonté est action et pouvoir, puisque penser

---

(1) *Essai sur les facultés de l'esprit humain*, tom. II,
page 442.

(2) *Ibidem*; page 437.

est agir et pouvoir. Vouloir, vouloir être, est une action complète, aussi bien que vouloir ne pas être. A proprement parler, nous n'avons de *pouvoir* que par la volonté. Ici se manifeste la nature de *cause*, constituée de trois éléments distincts quoique indivisibles ; du principe, des moyens, et de l'effet. Dans ce rapport complet, les trois termes se donnent réciproquement. Vous ne pouvez dire cause sans dire en même temps effet et moyens ; vous ne pouvez dire effet, sans dire cause et moyens, ni moyens sans dire effet et cause. Cette notion, que nous croyons aussi vraie qu'importante, coupe par les racines tous les sophismes de Hume, et est comme le premier anneau de l'analogie universelle, où, dans chaque terme de chaque rapport, sont donnés les deux autres termes ; ce qui suffit pour conduire l'esprit d'une notion à l'autre, et passer ainsi sans fin du semblable au différent par le semblable.

4° Que c'est la cause extérieure qui prend l'initiative, et qui se révèle la première à la cause intérieure, laquelle ne commence à se manifester qu'à l'occasion du sentiment de ses besoins excités par le dehors.

5° Que la cause extérieure et la cause intérieure ne sont point entre elles dans un rapport de juxta-position et de succession, mais d'union et de coopération, et qu'elles s'influencent réciproquement.

6° Que nous nous sentons dans le tout, comme un membre dans le corps auquel il appartient; sentant ainsi l'action du tout en nous, comme un membre sent l'action de toute l'organisation, sans cesse modifiants et modifiés, et forcés de croire à la causalité.

7° Qu'analogies intelligentes et vivantes du tout, nous percevons ce que les objets ont d'analogue à nous, et que, passant du semblable au différent par le semblable, nous allons du général au particulier et du particulier au général, et que nous *induisons et déduisons*.

8° Que les jugements de causalité et d'induction sont universels et absolus, parce qu'ils sont incessamment et invariablement suggérés par notre action et celle de la nature soumises à des lois constantes et générales; d'où il resulte qu'ils sont donnés par l'expérience des sens et de l'intelligence, fait qui seul renverse les bases du système de Kant, et les théories correspondantes de l'école écossaise. Le paragraphe suivant nous mettra dans la nécessité de donner les développements de nos idées à ce sujet.

De l'Étendue et de l'Espace.

Les notions dites nécessaires et universelles, celles, par exemple, de causalité et d'induction, celles que Kant nomme *jugements synthétiques à priori*, sont-elles en effet données *à priori*, ou sont-elles une acquisition de l'expérience? Avant de répondre, posons comme établi et accordé : 1.º que CE QUI APPARTIENT ESSENTIELLEMENT A UNE CHOSE POSITIVE ET RÉELLE, EST AUSSI POSITIF ET AUSSI RÉEL QUE CETTE CHOSE; QU'IL EST CONTENU EN ELLE, ET CONÇU AVEC ELLE, EN MÊME TEMPS QU'ELLE. 2º QUE NOUS SOMMES INVINCIBLEMENT, ET SANS EXCEPTION, FORCÉS D'AFFIRMER QU'UN FAIT POSITIF ET RÉELLEMENT PERÇU, EXCLUT SON CONTRAIRE. Ainsi, pour le premier cas, soleil implique lumière; fleuve, eau; vertu, liberté et sacrifice : ainsi, pour le second, le blanc dit d'un même objet et considéré dans le même instant, exclut le noir; le froid exclut le chaud, le bien exclut le mal. Faisons l'application du premier principe.

La ligne droite est la plus courte entre deux points : telle est la notion nécessaire et universelle que Kant prétend ne pouvoir être donnée par l'expérience. Mais, dans le fait seul *ligne droite* perçu par les sens et par l'esprit, est contenu et conçu le jugement *ligne la plus courte* ; en percevant la chose *ligne droite*, nous percevons et affirmons intérieurement la propriété *ligne la plus courte*. Entre ligne droite et ligne la plus courte la différence seule est dans l'énonciation. L'école écossaise enseigne qu'il y a des jugements et des croyances donnés simultanément avec la perception : or, il n'est point de croyance et de jugement plus intimement liés à la perception des choses que les propriétés de celles-ci. Venons à l'explication du second principe.

Tout ce qui a commencé d'exister a une cause : telle est la notion nécessaire et universelle que l'école écossaise prétend ne pouvoir être donnée par l'expérience, tandis qu'elle naît du simple fait de notre existence, et de la perception de notre être. Je suis : je le sais parce que je me perçois, parce que je ne puis me percevoir et ne pas être. Les *contraires s'excluant,* l'être exclut le néant; mais, aussi invinciblement, LE NÉANT EXCLUT L'ÊTRE : ce qui n'aurait pas lieu si *rien* pouvait produire *quelque chose*, si *quelque chose pouvait commencer à exister sans une cause.* Ainsi, dire : tout ce qui a commencé d'exister a une cause, n'est que dire : rien de ce qui a commencé d'exister ne vient du néant. Disons : tout fait positif donne naissance à l'idée de son contraire; la notion d'être que nous donne la perception de nous-mêmes, renferme celle de néant, renferme que rien ne crée rien, renferme que tout ce qui existe a une cause d'existence. Passons maintenant à la notion d'espace.

« La notion d'un espace réel, infini, indé-
« pendant des corps, éternel et indestructible,
« est une notion nécessaire, qui nous impose
« une croyance absolue (1). » Une telle notion impose si peu une croyance absolue, que, depuis plus de vingt ans, qu'à diverses reprises, j'y donne mon attention sans préjugés et avec bonne foi, elle révolte toujours mon esprit. Je n'y vois que la transformation de l'abstraction *espace* en une réalité qui est l'étendue des corps, c'est-à-dire les corps étendus donnés par chaque perception. Mais examinons une à une les qualités attribuées à l'espace.

Espace réel : Si l'espace qu'occupe un corps était réel, il faudrait que deux choses réelles occupassent le même lieu en même temps, fussent l'une dans l'autre, ce qui répugne.

---

(1) *Essai sur les facultés de l'esprit humain*, tom. II, page 342.

Espace infini : Il y a donc deux infinis, l'espace et Dieu.

Indépendant des corps : Il en dépend si bien, que, sans corps, nous ne pouvons avoir l'idée d'étendue, et sans l'idée d'étendue avoir celle d'espace. S'il est indépendant des corps, il est par conséquent incorporel.

Éternel : Indépendant de Dieu et incorporel, Dieu par conséquent.

Indestructible : Supposez que Dieu crée un nouveau corps, pouvoir qui avec raison lui est accordé par l'école écossaise, puisqu'elle lui accorde celui d'annihilation (1), que devient l'espace occupé par le corps nouvellement créé?

« La notion de l'espace étant nécessaire, elle « ne saurait être donnée par l'expérience (2). » Elle n'est que l'abstraction synthétique de l'étendue, laquelle nous est donnée par chacun de nos sens, et principalement par la vue et par le tact.

Supposons tous les corps anéantis, un vide absolu (3), et Dieu seul existant : qu'il lui plaise

---

(1) *Essai sur les facultés de l'esprit humain*, tom. II, page 342.

(2) *Ibidem*.

(3) Mot, pour nous, synonyme de néant.

créer de nouveaux corps, il n'a pas besoin, pour les placer et les contenir, de créer l'espace; aucune résistance ne leur est opposée, aucune usurpation n'est à leur reprocher; ils se suffisent, ils ont et emportent leur lieu avec eux.

En dépit de la plus rare sagacité, du mérite le plus éminent, et même en raison de ce mérite et de cette sagacité, on peut être conduit aux antipodes de ce qui est vrai, lorsqu'on part d'une fausse donnée, de celle, par exemple, qu'il y a des notions antérieures à l'expérience. Toutes nous sont données par l'action coexistante des sens et du principe intelligent. En nous rien d'inné, si ce n'est l'aptitude de percevoir dans les objets ce qui y a été mis par leur nature. Ce n'est pas en nous que nous trouvons les mathématiques, mais dans la ligne droite, le triangle, le cercle et les propriétés qui leur sont essentielles, et qui en sont indivisibles. Ce n'est pas en nous que nous trouvons l'idée d'espace, mais dans chaque corps dont nous généralisons indéfiniment l'étendue, en la renfermant dans le mot et dans la notion *espace*.

De la Durée et du Temps.

« Nous durons en nous-mêmes; de là nous

« comprenons la durée extérieure (1). » Nous *comprenons la durée extérieure*, parce que nous la percevons avec l'existence de chaque objet : être, c'est durer ; connaître l'existence d'un objet quelconque est connaître sa durée. La durée est inhérente à tout ce qui a commencé ; elle est la mesure idéale entre le commencement et la fin de chaque objet et de chaque phénomène, ou entre deux points pris dans un intervalle quelconque de leur existence.

« A l'occasion de la durée contingente et li-
« mitée des choses, nous comprenons une durée
« nécessaire et illimitée, théâtre éternel de toutes
« les existences ; et non-seulement nous la com-
« prenons, mais nous sommes invinciblement
« persuadés de sa réalité (2). » Le temps est aussi peu réel que l'espace ; il est l'abstraction synthétique de toutes les durées, comme l'espace est l'abstraction synthétique de l'étendue de tous les corps.

« Sans le temps il n'y aurait point de durée ;
« sans l'espace il n'y aurait point d'étendue (3). »

---

(1) *Essai sur les facultés de l'esprit humain*, tom. II, page 439.

(2) *Ibidem*, page 441.

(3) *Ibidem*, page 432.

Notre philosophie dit précisément le contraire : sans durée il n'y aurait point de temps ; sans étendue il n'y aurait point d'espace. Détruisez les corps, il ne reste que Dieu et les esprits ; détruisez la durée en détruisant les êtres créés, il ne reste que l'éternité, où ne peuvent se trouver durée et temps, pas plus que des bornes dans l'immensité et dans le vide. L'école écossaise étant théiste, et reconnaissant un espace et un temps réels, infinis, nécessaires et éternels, reconnaît trois Dieux, deux desquels ne sont ni corporels ni incorporels.

De la Substance.

« Une analyse plus savante remonte encore
« plus haut ; elle recherche l'origine des idées
« de *substance*, de durée et de causalité, et ne
« les trouvant point dans l'opération des sens...
« En effet, toutes ces idées nous sont données
« en nous-mêmes (1). » Ce que nous avons dit des principes de causalité, d'induction, sur l'espace et le temps, nous dispense de répondre directement à ce qui, dans cette citation, a rap-

---

(1) *Essai sur les facultés de l'esprit humain*, tom. II, page 432.

port à la substance. La substance est l'être, le sujet considéré en lui-même indépendamment de ses qualités; et sa notion n'est que le résultat de l'abstraction synthétique par laquelle du substratum de toutes les existences nous ne faisons qu'une seule et même idée, une seule et même réalité logique, correspondante à l'ensemble des réalités individuelles. Nous nous résumons, dans cet important et difficile sujet, par les observations suivantes.

En percevant les qualités accidentelles et purement phénoménales des objets, et nos affections variables qui y correspondent, nous n'acquérons que des notions passagères et incertaines.

En percevant les propriétés essentielles et fondamentales des choses extérieures, et de notre moi, nous acquérons des notions nécessaires et universelles : nécessaires, puisque sans elles les objets ne pourraient être connus; universelles, puisqu'elles appartiennent à tous les objets du même ordre. Ainsi nous ne pouvons percevoir aucun corps sans avoir la notion d'étendue, d'où espace. Nous ne pouvons agir, percevoir le sentiment libre qui a déterminé notre action, sans la notion de cause; d'où causalité. Nous ne percevons aucun fait sans liaison avec d'autres faits, d'où INDUCTION. Nous ne connaissons aucun être sans durée, d'où TEMPS. Nous ne pouvons concevoir aucune qualité sans sujet, d'où SUBSTANCE.

Contrairement à l'assertion fondamentale de Kant et de l'école écossaise, AUCUNE NOTION NÉCESSAIRE ET UNIVERSELLE NE NOUS EST DONNÉE, EN NOUS-MÊMES A PRIORI, INDÉPENDAMMENT DE L'EXPÉRIENCE, C'EST-A-DIRE, DE L'OPÉRATION COEXISTANTE ET SIMULTANÉE DES SENS ET DE L'ESPRIT. Toutes nos idées, en effet, sans exception, viennent originairement de la perception; or, il n'est aucune perception qui n'exige à-la-fois l'usage des sens et du principe intelligent. Pour qu'il y eût des notions *à priori*, il faudrait que nous pussions connaître et penser sans percevoir. Ce que nous appelons *notions nécessaires et universelles* est donc, non principe mais résultat de l'action de notre constitution physique et morale, déterminée par les propriétés essentielles des objets, par les lois invariables qui nous régissent, lesquelles seules existent et agissent *à priori*, indépendamment de notre expérience. Impression et perception, tel est l'abrégé de l'histoire philosophique de l'homme.

Récapitulation.

1.º L'école écossaise, en soutenant que Descartes n'a pu de la pensée conclure l'être pensant, a rendu impossible la philosophie, dont le principe ne peut être pris que dans notre MOI, prouvé par sa modification et son action.

2º En établissant que certaines qualités de la matière nous affectent et agissent indépendamment de l'étendue et de la solidité, elle a donné une fausse notion du fait le plus général qui constitue l'humanité, celui de la sensation.

3º En regardant la sensation et la perception comme deux faits distincts, et qu'il faut toujours séparer, elle a forcé de conclure que l'intelligence peut connaître sans le secours des organes, et que les organes peuvent aussi connaître sans le secours de l'intelligence.

4º En posant en fait qu'il n'y a point dans l'esprit des idées distinctes et permanentes, elle a nié qu'il y eut des mots qui renferment nos perceptions.

5º En affirmant que le monde extérieur est donné aux sens par la conscience, et non à la conscience par les sens, elle a fait un énorme contre-sens philosophique, elle a nié la dualité humaine (1), et s'est ainsi, sans le vouloir, constituée idéaliste.

6° En faisant naître la causalité de l'induction et non l'induction de la causalité, elle a interverti la génération de ces deux principes.

7° En disant qu'entre l'action de l'esprit et celle des sens n'existe qu'un rapport de succession, et non UN RAPPORT DE CAUSE ET D'EFFET, elle a renversé la loi de causalité, bien que cherchant a l'établir.

8° En posant en thèse qu'on ne touche que L'ÉTENDUE ET L'IMPÉNÉTRABILITÉ, tandis qu'on ne touche QUE DES CORPS ÉTENDUS ET IMPÉNÉTRABLES, elle a substitué des abstractions a la réalité.

9° En affirmant que l'espace et le temps sont des êtres réels, véritables, infinis, éternels, ni corporels, ni incorporels, elle a

---

(1) En vertu de cette dualité, les sens et la conscience se donnent à chaque instant réciproquement, et communiquent sans interruption, l'action initiale venant néanmoins du dehors. L'être mixte en se percevant perçoit en même temps son principe intelligent et le monde extérieur qui l'impressionne par le moyen des sens.

PORTÉ LE DÉSORDRE DANS NOS CONCEPTIONS, ET FAIT DU NÉANT UNE DOUBLE DIVINITÉ.

10° EN ÉTABLISSANT QUE LA NOTION DE SUBSTANCE NOUS EST DONNÉE INDÉPENDAMMENT DES SENS, ELLE A SUPPOSÉ QUE SANS EUX NOUS POURRIONS CONNAÎTRE LA MATIÈRE.

11° ENFIN, EN ENSEIGNANT QU'IL EXISTE EN NOUS A PRIORI, ET INDÉPENDAMMENT DE L'EXPÉRIENCE, DES NOTIONS NÉCESSAIRES ET UNIVERSELLES, ELLE A SUPPOSÉ QUE NOUS POUVIONS CONNAÎTRE SANS PERCEVOIR, ET PENSER SANS L'ACTION DES SENS ET DE L'INTELLIGENCE; RENOUVELANT AINSI LES IDÉES INNÉES, TANDIS QUE, EN NOUS, RIEN N'EST INNÉ, RIEN N'EST A PRIORI, SI CE N'EST NOTRE APTITUDE A PERCEVOIR ET A AGIR, C'EST-A-DIRE, NOS FACULTÉS PHYSIQUES ET MORALES, ET LES LOIS QUI PRÉCÈDENT, MAINTIENNENT ET DIRIGENT L'ACTION DE CES FACULTÉS.

Telles sont les erreurs capitales que nous imputons à l'école française moderne, et à l'école écossaise sur laquelle l'autre s'est entée; erreurs dont une seule suffirait pour rendre à jamais impossible la science philosophique. Si donc ceux qui professent les doctrines de ces écoles, et qui ont une tribune pour les publier et les propager, gardent le silence sur cet *Examen,* nous croirons que c'est, non par la conscience de l'évidence des théories qu'ils enseignent, et par le sentiment de la supériorité de leur raison; mais nous serons persuadé qu'ils ne se taisent que par l'impossibilité de répondre, et d'échapper à la vérité de nos inculpations.

TABLE

RAISONNÉE DES MATIÈRES.

PAGES.

Du *Moi*, et comment il s'affirme à lui-même, en concluant son existence et sa réalité de ses modifications et de sa propre action.......... 1

Des *Qualités de la matière* qui agissent sur le moi................................... 9

De l'action de la matière perçue par le *moi*, ou *de la Sensation*....................... 23

Du produit des opérations du *moi* sur la sensation, ou *des Idées*....................... 41

Du rapport entre l'action de la matière et le *moi*, entre l'impression et la perception, ou *de la Causalité*............................. 51

De l'analogie entre les idées, du passage d'une notion à l'autre, ou *de l'Induction*............ 52

De nos facultés semblables percevant également l'effet des propriétés des objets soumis à des lois générales et invariables, ou *des Notions nécessaires et universelles*................... 55

Des circonstances invinciblement inhérentes à tout ce qui perçoit et qui donne des impressions, ou *de l'Espace et du Temps*............ 58

De la réalité en soi de tout ce qui perçoit et de ce qui donne des impressions, ou *de la Substance*.................................. 64

Récapitulation : Onze erreurs capitales imputées à l'école écossaise ancienne et moderne, et dont une seule suffirait pour rendre à jamais impossible la science philosophique............ 67

FIN DE LA TABLE.

www.ingramcontent.com/pod-product-compliance
Lightning Source LLC
LaVergne TN
LVHW020949090426
835512LV00009B/1782